Mein allererstes
Wörterbuch
Die Verkehrsschule

U
H
Einbahnstraße
TAXI
STOP
P

Mein allererstes

Wörterbuch

Die Verkehrsschule

OTUS

Auf dieser Kreuzung herrscht reger Verkehr. Da ist es notwendig, die Vorfahrt durch Verkehrszeichen zu regeln. Diese Verkehrszeichen sind der Grundregel „rechts vor links“ übergeordnet. Die Vorfahrtstraße ist mit den viereckigen, gelbweißen Schildern markiert. Das auf den Kopf gestellte rotweiße Dreieck bezeichnet eine Straßenausfahrt, an der die Vorfahrt zu gewähren ist. Ein Auto, das von dort kommt, muss warten, bis die Autos auf der Vorfahrtstraße vorbeigefahren sind.

Pinsel
brush
Anstreicher
painter
Leiter
ladder
Eimer
bucket
Hund
dog
Helm
helmet
Fenster
window
Motorroller
motor scooter
Fahrrad
bicycle
OBST+GE
Mittelstreifen
central reservation
Vorfahrtachtenschild
give way sign
Markise
sun blinds
Bürgersteig
pavement
Rolladen
shutters
Zebrastreifen
zebra crossing
Handtasche
handbag
Fahrradweg
cycle path
Aktenkoffer
attaché case
Fußgängerüberweg
pedestrian crossing
Kanaldeckel
manhole cover
Baum
tree
Maus
mouse
Rücklicht
rear light
Baumstamm
trunk
Mülleimer
dust bin

Hier handelt es sich um einen getrennten Fuß- und Radweg, was du auf dem blauen Verkehrsschild auch deutlich sehen kannst. Radfahrer müssen auf dem Fahrradweg fahren; die Fußgänger sind verpflichtet, auf dem Fußgängerweg zu laufen. Es gibt auch gemeinsame Fuß- und Radwege. Das Schild sieht ähnlich aus, allerdings verläuft die weiße Trennungslinie nicht senkrecht, sondern waagerecht. Bei diesen gemeinsamen Wegen muss man sehr gut aufpassen, damit nichts passiert. Radfahrer müssen rücksichtsvoll fahren und dürfen Fußgänger nicht bedrängen.

Busch
bush
Hut
hat
Fahrradweg
cycle path
Mädchen
girl
Junge
boy
Schleife
ribbon
Rock
skirt
Pullover
pullover
Bein
leg
Fuß
foot
Arm
arm
Kragen
collar
Schnabel
bill
Kleid
dress
Hose
trousers
Vogel
bird
Flügel
wing
Mutter
mother
Schuh
shoe
Baby
baby
Kissen
pillow
Kniestrümpfe
socks
Rassel
rattle
Wolldecke
blanket
Nase
nose
Kinderwagen
pram
Auge
eye
Zeigefinger
forefinger
Mund
mouth
Hand
hand
Spinne
spider
Papier
paper
Bleistift
pencil
Schulranzen
satchel
Maus
mouse
Spinnennetz
spider's web

Wie schön, ein reines Fußgänger-Paradies! Das zeigt das runde, blauweiße Verkehrsschild. Dass Radfahrer hier nicht fahren dürfen, signalisiert das runde, rotweiße Verbotsschild.
Aber keine Regel ohne Ausnahme: Kleine Radfahrer bis acht bzw. zehn Jahre dürfen sich hier aufhalten. Wenn viele Fußgänger da sind, ist es aber besser, vom Rad abzusteigen und es die meist nicht allzu lange Strecke zu schieben.

Busch
bush
Vogel
bird
Brett
board
Zaun
fence
Haarspange
slide
Loch
hole
Hundeleine
lead
Radfahrer
cyclist
Pferdeschwanz
ponytail
Jacke
jacket
Bluse
blouse
Rock
skirt
Hund
dog
Fahrrad
bicycle
Schnuller
dummy
Kappe
cap
Fußgänger
pedestrian
Maus
mouse
Kind
child
Schildkröte
turtle
Bilderbuch
picture book
Vater
father
Sitzbank
bench
Hose
trousers
Schuh
shoe
Blatt
leaf
Marienkäfer
ladybird
Wurm
worm

Fußgängerzonen findest du oft in Innenstädten mit Geschäftsbereichen. Dadurch, dass hier keine Autos fahren dürfen, ist es viel gemütlicher und man kann in Ruhe einkaufen oder draußen im Straßencafé sitzen. Radfahrer müssen in Fußgängerzonen absteigen und ihr Fahrrad schieben. In Fußgängerzonen gibt es auch Mietshäuser. Deshalb ist es den Anwohnern gestattet, im Schritttempo durch die Straßen zu fahren.
Auch Lieferanten ist die Zufahrt zu den Geschäften erlaubt, meist aber nur zu ganz bestimmten Tageszeiten.

Kleidung
clothes
Schaufenster
shop window
Hut
hat
Katze
cat
Pflanze
plant
Geschäft
shop
Schal
scarf
Pullover
pullover
Handtasche
handbag
Mutter
mother
Jacke
jacket
Sohn
son
Lenker
handlebars
Plakat
poster
ZIRKUS
Gepäckträger
carrier
Sattel
saddle
Rucksack
rucksack
Litfaßsäule
advertising column
Maus
mouse
Strickjacke
cardigan
Käse
cheese
Fahrradreifen
bicycle tyre
Aktentasche
briefcase
Hund
dog
Igel
hedgehog
Schuh
shoe
ZONE

Außerhalb geschlossener Ortschaften und auch in der Ortschaft, wenn kein Gehweg vorhanden ist, sollen Fußgänger am linken Fahrbahnrand, also immer entgegen der Fahrtrichtung, gehen. So werden sie am besten von den Autofahrern gesehen. Leider halten sich nicht alle Fußgänger an diese sinnvolle Regel, daher kommt es immer wieder zu Unfällen.

Laub
foliage
Wald
wood
Kurve
bend
Autodach
top
Wanderer
wanderer
Schmetterling
butterfly
Baumstumpf
stump
Kinder
children
Außenspiegel
wing mirror
Wiese
meadow
Kofferraum
boot
Kappe
cap
Fuchs
fox
Stoßstange
bumper
Rücklicht
rear light
Zaun
fence
Nummernschild
number plate
Reifen
tyre
Vogelgezwitscher
twittering of birds
geradeaus
straight on
Vogel
bird
Landstraße
country road
Mohrrübe
carrot
rechts
right
Mittelstreifen
central reservation
Schnecke
snail
Hase
hare

An Omnibussen des Linienverkehrs und auch an Straßenbahnen, die an Haltestellen halten, darf man nur ganz vorsichtig vorbeifahren. Man muss auch auf genug Seitenabstand achten, damit plötzlich auftauchende Fahrgäste nicht gefährdet werden. Fährt der Bus die Haltestelle mit Warnblinklicht an, darf er nicht mehr überholt werden. Damit das Ein- und Aussteigen ohne Störungen und Gedrängel möglichst rasch geht, stellt man sich hintereinander an und steigt nacheinander ein oder aus.

Baum
tree
Berg
hill
Haus
house
Dachgeschoss
top floor
Dachluke
skylight
Garage
garage
Gebüsch
bushes
Leiter
ladder
Fenster
window
Rabe
raven
Auto
car
Gehsteig
pavement
Zaun
fence
Wartebereich
waiting area
Bushaltestelle
bus stop
Außenspiegel
wing mirror
Fahrplan
timetable
Blinker
indicator
Geländer
railing
Schleife
ribbon
Kopf
head
Papierkorb
wastepaper
basket
Ball
ball
Sitzbank
bench
Stufe
step
Biene
bee
Schmetterling
butterfly
Fahrschein
ticket
Fahrgeld
fare
Igel
hedgehog
Blume
flower
Marienkäfer
ladybird
Jacke
jacket
Geld
money
Fahrscheinautomat
ticket machine

Weil Kinder spielen, rangeln, raufen und immer als Erste einsteigen wollen, lauert an Schulbushaltestellen viel Gefahr. Deshalb sind sie auch besonders gekennzeichnet. Du verhältst dich richtig, wenn du ruhig auf den Bus wartest und ausreichend Abstand zum Fahrbahnrand hältst. Beim Aussteigen drängelst du nicht und gehst immer hinter dem Bus über die Fahrbahn, wenn du die Straßenseite wechseln willst. Vorher musst du erst nach links, dann nach rechts und noch mal nach links schauen und dich vergewissern, dass von beiden Seiten kein Auto kommt. Gibt es einen Schülerlotsen, dann hast du Glück. Der Lotse gibt den Autos ein Zeichen zum Anhalten und du und die anderen Kinder können sorglos über die Straße gehen. Wichtig ist, zügig zu laufen.

Himmel
ski
Wolke
cloud
Sonne
sun
Sonnenstrahl
ray of sunshine
Sonnenschein
sunshine
Bus
bus
Bleistift
pencil
Fenster
window
Schulheft
exercise book
Sitz
seat
Blinker
indicator
Schuljunge
schoolboy
Schulbus
school bus
Reifer
tyre
Buntstift
crayon
Rucksack
rucksack
Schnabel
bill
Vogel
bird
Schulfreund
schoolfriend
Schulweg
way to school
Pinsel
brush
Lesebuch
reading book
Wurm
worm

Die auf der Straße mit einem Zebrastreifen markierte Zone ist ein Fußgängerüberweg. Solche Fußgängerüberwege werden eingerichtet, um den Fußgängern mehr Sicherheit beim Überqueren der Straße zu verschaffen. Zebrastreifen werden den Fahrern weit vorher durch Verkehrszeichen und oft zusätzlich durch Gefahrzeichen angekündigt. Das soll bewirken, dass die Fahrer langsamer fahren und sich darauf einstellen, bremsen zu müssen. Denn: Der Fußgänger hat Vorrang! Will ein Fußgänger auf dem Zebrastreifen über die Straße gehen, müssen sämtliche Fahrzeuge – auch Fahrräder – auf beiden Seiten anhalten. Trotzdem läuft man niemals los, ohne zuerst nach links, dann nach rechts und noch mal nach links zu schauen und sich zu vergewissern, dass die Autos auch wirklich stehen bleiben. Übrigens: Wenn ein Stau auf der Straße ist, dürfen keine Fahrzeuge auf dem Zebrastreifen halten, damit die Fußgänger nicht behindert werden.

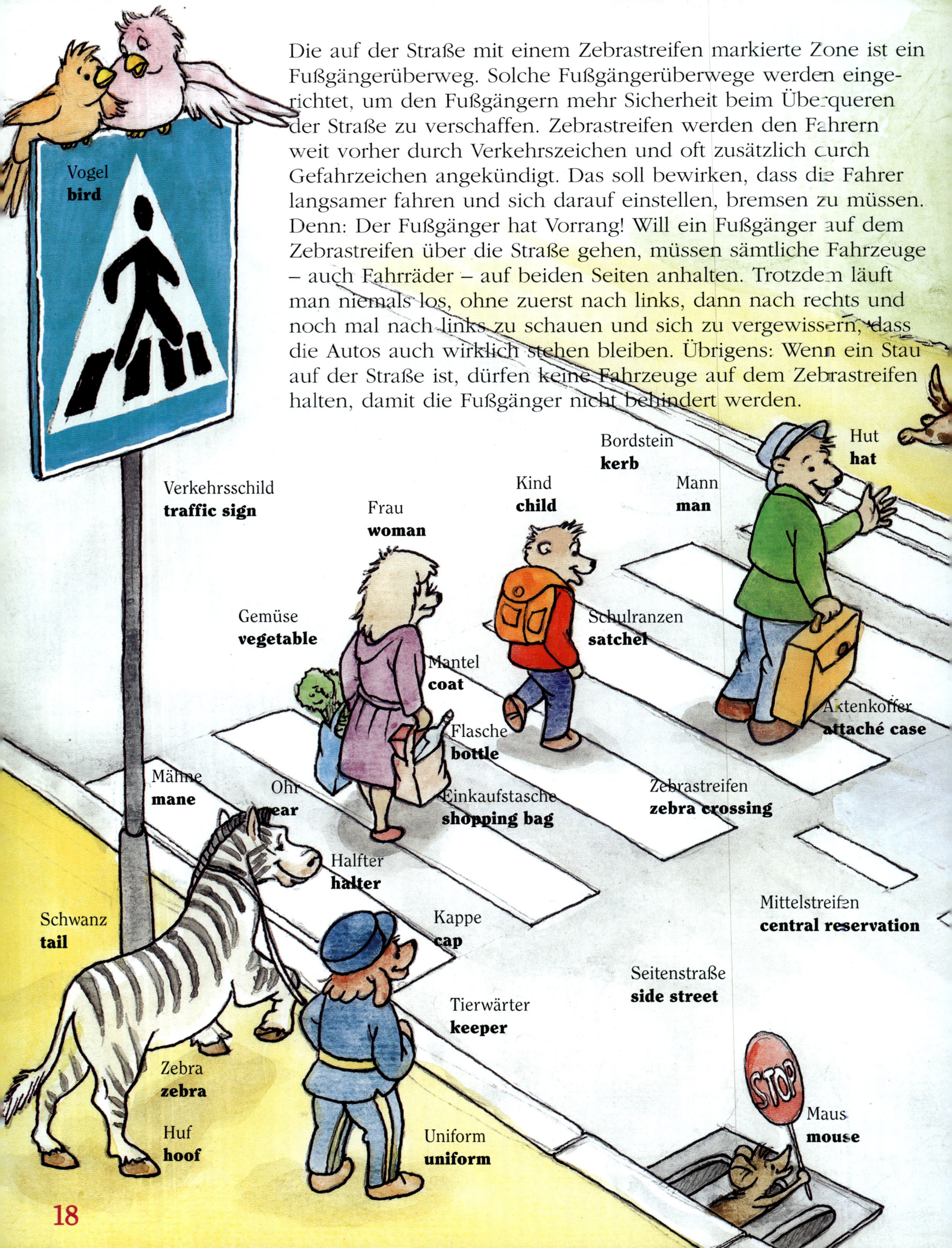

Baum
tree
Brille
glasses
Park
park
Baumstamm
trunk
Parkbank
park bench
Tanne
fir
Leser
reader
Wurzel
root
Rasen
lawn
Großmutter
grandmother
Luftballon
balloon
Großvater
grandfather
Hund
dog
Helm
helmet
Blume
flower
Hase
hare
Rassel
rattle
Rucksack
rucksack
Skateboardfahrer
skateboard rider
Kinderwagen
pram
Armaturenbrett
dashboard
Pflanze
plant
Front
front
Außenspiegel
wing mirror
Mitfahrer
passenger
Heck
rear
Rückbank
seat
Scheinwerfer
headlamp
Lenkrad
steering wheel
Kotflügel
mudguard
Fahrer
driver
Tür
door
Hutablage
hat rack
Reifen
tyre
Schildkröte
turtle
Auto
car

Fußgängerüberwege mit einer Fußgängerampel sind die sicherste Stelle, wenn du eine Straße überqueren möchtest. Zeigt die Verkehrsampel Rot, müssen die Fahrzeuge auf beiden Seiten des Fußgängerüberwegs anhalten. Dann springt die Fußgängerampel auf Grün und du kannst über die Straße gehen. Trotzdem musst du zur Sicherheit immer erst nach links, dann nach rechts und noch mal nach links schauen. Steht die Fußgängerampel auf Rot, darfst du auf gar keinen Fall die Straßenseiten wechseln.
Grundsätzlich gilt: Ist die Fußgängerampel grün, geht man zügig über die Straße und trödelt nicht herum. Das behindert die anderen Fußgänger und ist rücksichtslos.

Rose
rose
Hecke
hedge
Antenne
aerial
Rückspiegel
rear-view mirror
Hund
dog
Sicherheitsgurt
safety belt
Motorhaube
bonnet
Lenkrad
steering wheel
Zaun
fence
Scheinwerfer
headlamp
Maus
mouse
DA 12
Schleife
ribbon
Auto
car
Stoßstange
bumper
Kappe
cap
Dame
Lady
rot
red
Strickjacke
cardigan
Flasche
bottle
gelb
yellow
Skateboard
skateboard
Jacke
jacket
Einkaufstasche
shopping bag
Rock
skirt
grün
green
Rolle
roll
Strumpf
sock
Verkehrsampel
traffic lights
Bordstein
kerb
Pflasterstein
paving stone
Regenwurm
earthworm

Die runden, rotweißen Schilder mit den großen, schwarzen Zahlen in der Mitte sind Geschwindigkeitsvorschriften. Sie zeigen an, welche Höchstgeschwindigkeit zugelassen ist. In geschlossenen Ortschaften – einer Ansiedlung, einem Dorf oder einer Stadt – darf man in der Regel nicht schneller als mit 50 km/h fahren.

Ist eine höhere oder eine geringere Geschwindigkeit erlaubt, wird das durch das entsprechende Verkehrsschild angezeigt und gilt für Fahrzeuge aller Art. Leider gibt es sehr viele Fahrer, die schneller als erlaubt fahren. Deshalb macht die Verkehrspolizei Radarkontrollen oder erwischt die Verkehrssünder mithilfe der Blitzanlagen. Das kann teuer werden!

Es gibt stark befahrene Kreuzungen und Straßeneinmündungen, bei denen kein Verkehrsschild aufgestellt ist, das die Vorfahrt regelt. Es gibt auch keinen Schutzmann, der zeigt, wann man fahren darf. Da heißt es: aufgepasst! Hier gilt die Regel „rechts vor links", das bedeutet, dass immer derjenige Vorfahrt hat, der von rechts kommt. Es ist auch ganz egal, ob die Straße, aus der das Fahrzeug kommt, breit oder schmal ist. Bei der hier gezeigten Situation darf der Fahrradfahrer zuerst fahren, dann ist der LKW-Fahrer dran und dann erst der Motorradfahrer. Bist du in einer solchen Situation und kannst nicht erkennen, wer Vorfahrt hat, wartest du in jedem Fall und verständigst dich mit den anderen Fahrern durch Handzeichen. Denk daran, die Tatsache, dass du ein Kind bist, ändert nichts daran, dass du die Vorfahrt beachten musst!

Baum
tree
Laub
leaves
Handzeichen
sign
Gras
grass
Besen
broom
Gärtner
gardener
Pflasterstein
paving stone
Gartengeräte
gardening tools
Lastwagenfahrer
lorry driver
Fisch
fish
Straßenkreuzung
crossroads
Außenspiegel
wing mirror
Lastwagen
lorry
Lastwagenanhänger
truck trailer
Straßenverkehr
traffic
Biene
bee
Libelle
dragonfly
Elefant
elephant
Schmetterling
butterfly
Regenmantel
raincoat
Blumentrog
flower trough
Pedal
pedal

Früher haben Polizisten sehr oft den Verkehr auf Kreuzungen geregelt. Heute kommt das seltener vor, zum Beispiel dann, wenn eine Ampelanlage ausfällt oder ein Unfall passiert ist. Die Anweisungen der Verkehrspolizisten sind unbedingt zu beachten und sie gehen vor. Das heißt, alle Verkehrszeichen und Ampeln haben keine Gültigkeit, solange der Polizist den Verkehr regelt. Siehst du den Polizisten von der Seite, dann hast du freie Fahrt. Siehst du ihn von vorn oder von hinten, musst du anhalten. Hebt der Polizist einen Arm hoch, heißt das für alle Verkehrsteilnehmer, dass sie die Kreuzung sofort frei machen müssen.

ZOO GESCHÄFT
Eingang
entrance
Tierhandlung
pet shop
Fußgängerüberweg
pedestrian crossing
Fußgänger
pedestrian
Kühler
radiator
Außenspiegel
wing mirror
Kotflügel
mudguard
Lenkstange
handlebars
Helm
helmet
Stoßstange
bumper
Polizeiuniform
police uniform
Verkehrspolizist
traffic policeman
Motorroller
motor scooter
Motorrad
motorbike
Straßenkreuzung
crossroads
Verkehrsampel
traffic lights
Gully
train

An stark befahrenen Straßenkreuzungen oder Einmündungen stehen Stoppschilder. Sie bedeuten, dass man den Querverkehr abwarten und unbedingt anhalten muss. Selbst wenn weit und breit kein Auto zu sehen ist, muss gestoppt werden, erst danach darf man weiterfahren. Ist eine Haltlinie vorhanden, wird vor ihr angehalten.

Manchmal kann man von hier aus den Querverkehr nicht richtig einsehen. Dann darf man sich vorsichtig ein Stückchen weiter in Richtung Kreuzung vortasten. Ist keine Haltlinie da, bleibt man an der Sichtlinie stehen. Das ist eine gedachte Linie, von wo aus man die vorbeifahrenden Autos gut sehen kann.

STOP
Kleinbus
minibus
Farbe
paint
Pinsel
brush
Stoppschild
stop sign
Anstreicher
painter
Kind
child
Pullover
pullover
Zebrastreifen
zebra crossing
Affe
monkey
Skateboardfahrer
skateboard rider
Eimer
bucket
Tasche
bag
Tropfen
drop
Igel
hedgehog
Hemd
shirt
Gürtel
belt
Schulranzen
satchel
Schüler
pupil
Geschäftsmann
businessman
Hose
trousers
STOP
Pflanze
plant
Schuh
shoe
Blumenbeet
flowerbed
Maus
mouse
Marienkäfer
ladybird
Ente
duck

Gleitschirm
paraglider
Flieger
flyer
Flügel
wing
Eisenbahnwagen
railway carriage
Fenster
window
Eisenbahn
railway
Zaun
fence
Hase
hare
Maulwurfshügel
molehill
Mohrrübe
carrot
Wiese
meadow
Gras
grass
Bahnübergang
level crossing
Auto
car
Baumstamm
trunk
Reisende
travellers

Wenn der Zug vorbeigefahren ist, musst du noch eine kleine Weile warten. Du darfst erst weitergehen oder weiterfahren, wenn die Blinklichter erloschen und die Schranken vollkommen geöffnet sind.

An Bahnübergängen musst du besonders gut aufpassen, denn hier ist das Risiko, schwer verletzt oder gar getötet zu werden, besonders groß. Damit die Menschen vorsichtig sind, werden Bahnübergänge besonders aufwändig angekündigt und gesichert. Es ist wichtig, die Zeichen sehr aufmerksam zu beachten. Denn an den meisten Unfällen auf Bahnübergängen ist Unachtsamkeit und Leichtsinn der Fußgänger und Fahrer schuld. Hier zeigt das dreieckige Warnschild, dass es sich um einen beschrankten Bahnübergang handelt. Das Andreaskreuz signalisiert dir, dass der Schienenverkehr Vorrang hat. Das Blinklicht gibt rote oder gelbe Lichtzeichen, wenn ein Zug kommt. Wenn das Blinklicht aufleuchtet, musst du vor dem Andreaskreuz halten, auch wenn die Schranke noch nicht geschlossen ist. Manchmal ist auch ein Bahnbediensteter da, der dir mit einer Fahne oder einer roten Leuchte Halt gebietet. Es gibt auch Halbschranken. Hier gilt dasselbe wie für Schranken, die durchgehend sind. Komm bloß nicht auf die Idee, auf der unbeschrankten Seite über den Bahnübergang zu fahren oder zu gehen!

An U-Bahn- oder Straßenbahnhaltestellen musst du ebenfalls vorsichtig sein. Geh zeitig genug aus dem Haus, damit du in Ruhe an der Haltestelle auf die Bahn warten kannst. Einer Bahn hinterherzulaufen ist sinnlos und gefährlich. Ganz schlimm ist es, wenn du, vielleicht um den Weg abzukürzen, über die Gleise läufst. Das darfst du niemals tun, du kannst ganz leicht von einer Bahn überfahren werden! Fahrrad oder Skateboard fährt man nicht an einer Haltestelle. Man steigt ab, um andere Fahrgäste nicht zu gefährden. Wenn du am Bahnsteig stehst, achte stets auf einen ausreichenden Abstand zu den Gleisen. Wie schnell kann man mal geschubst werden und dann ist das Unheil passiert!

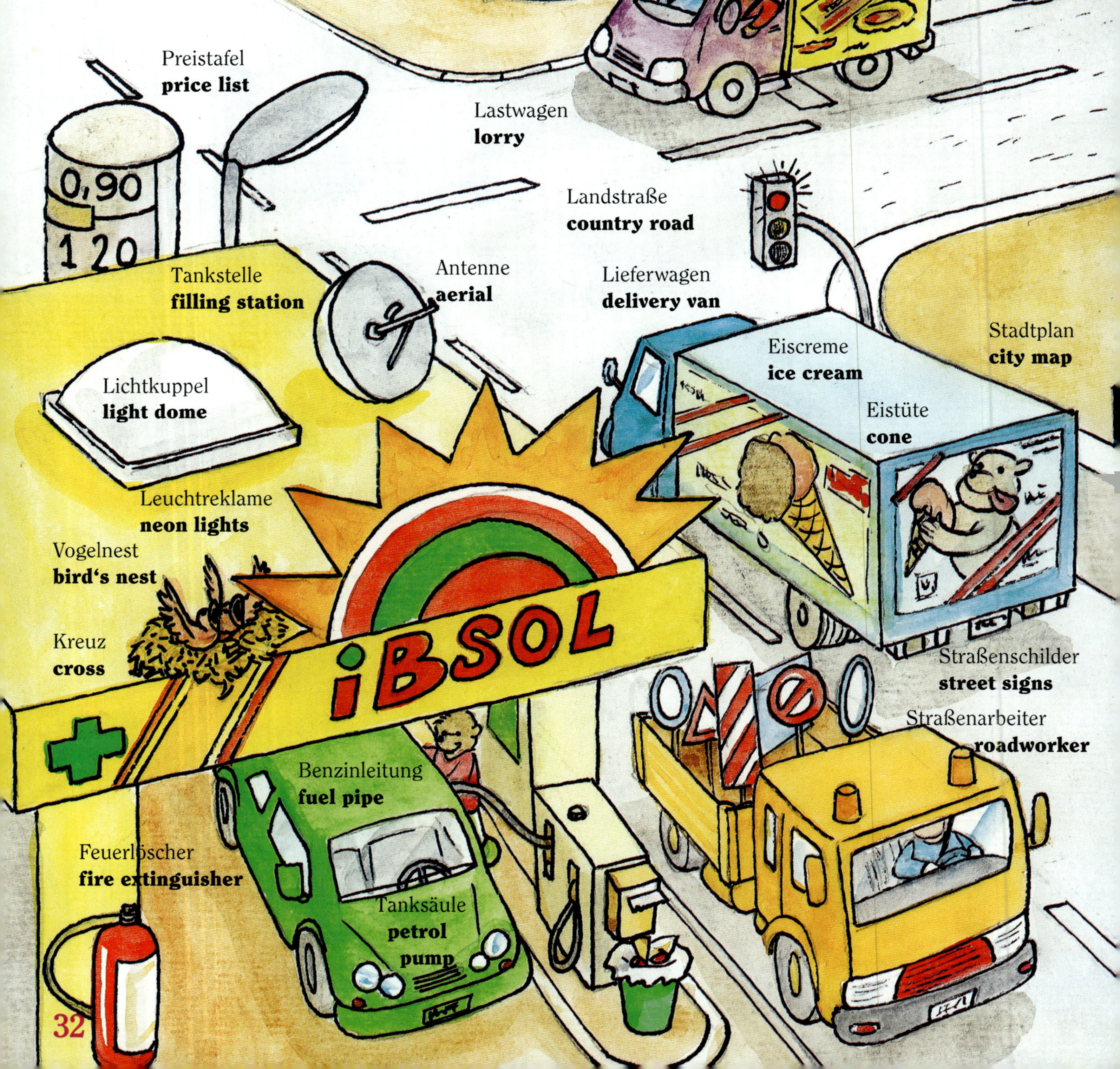

Dorf
village
Einfahrt
drive
Fußgänger
pedestrian
Radfahrer
cyclist
Auto
car
Unterführung
underpass
Ziegelstein
brick
Straßenlaterne
street lamp
Tunnel
tunnel
U-Bahn-Wagen
underground carriage
Fahrgäste
passengers
Schaffner
conductor
Plakat
poster
U-Bahn
underground
Tür
door
Schienen
rails
Mauer
wall
Geländer
railing
ZOO
U-Bahn-Haltestelle
underground stop
Vogel
bird
Treppe
stairs
Motorradfahrer
motorcyclist
Wurm
worm
Feder
feather

Dieses Verkehrszeichen bedeutet: „Der Gegenverkehr hat Vorrang.“ Es steht vor Fahrbahnverengungen, wie hier vor dem Viadukt. Stell dir mal vor, beide Autos würden gleichzeitig fahren – das gäbe auf jeden Fall einen Zusammenstoß! Damit das nicht passiert, muss derjenige warten, der in Richtung des roten Pfeils fährt. Er lässt den anderen, der aus der Richtung des schwarzen Pfeils kommt, in Ruhe vorbeifahren. Wenn mehrere Autos aus der entgegengesetzten Richtung kommen, lässt man erst alle passieren, bevor man losfährt.

Gegenverkehr
two-way-traffic
Kreis
circle
Viadukt
viaduct
Pfeil
arrow
Stein
stone
Cabriolet
convertible
Verkehrsschild
road sign
Rechteck
rectangle
Reifen
tyre
Tigerkatze
tiger cat
Stange
pole
Grashalm
blade of grass
Hundehalsband
dog collar
Hund
dog
Wiese
meadow
Bordstein
kerb
Maulwurf
mole
Kieselstein
pebble
Maulwurfshügel
molehill
Maus
mouse

Das längliche, rechteckige, blaue Schild mit dem weißen Richtungspfeil zeigt dir an, dass du eine Einbahnstraße vor dir hast. Diese darf nur in der Richtung befahren werden, die der Pfeil auf dem Schild anzeigt. Aber Vorsicht, es können trotzdem Fahrzeuge entgegenkommen, zum Beispiel ein Polizeiauto, die Feuerwehr oder ein Krankenwagen. In der Einbahnstraße darf man auch nicht wenden oder rückwärts fahren. Grundsätzlich wird rechts gefahren und links überholt. Fährt eine Straßenbahn durch die Einbahnstraße, dann darf diese rechts oder links überholt werden. Eine Sackgasse ist eine meist kleine Straße, die nicht in eine andere Straße mündet, sondern einfach irgendwo zu Ende ist. Sackgassen findest du oft in reinen Wohngebieten. Spätestens am Ende der Sackgasse wendet man und fährt zurück.

Himmel
sky
Sonne
sun
Dachrinne
gutter
Verkehrsampel
traffic lights
Fußgängerampel
pedestrian lights
Bauernhaus
farmhouse
Dach
roof
Fenster
window
Einbahnstraße
Blumentrog
flower trough
Sackgasse
dead-end-street
Rosenstrauch
rosebush
Einbahnstraße
one-way-street
Blumenkasten
window box
Zaun
fence
Helm
helmet
Fußgänger
pedestrian
Frau
woman
Ecke
corner
Rucksack
rucksack
Mülleimer
dust bin
Hund
dog
Bürgersteig
pavement
Motorradhelm
motorbike helmet
Fahrradfahrer
cyclist
Außenspiegel
wing mirror
Tank
tank
Soziussitz
pillion
Fußgängerüberweg
pedestrian crossing
Motorradfahrer
motorcyclist
Auspuffrohr
exhaust pipe

Wenn du das dreieckige Baustellen-Warnschild siehst und zum Beispiel mit dem Fahrrad unterwegs bist, fährst du vorsichtig und langsam. Du musst nämlich damit rechnen, dass Arbeitsgeräte, Baumaterial und natürlich auch Bauarbeiter auf der Straße sind und du plötzlich bremsen musst. Oft ist die Fahrbahn auch verschmutzt und es besteht Schleudergefahr. Bist du mit dem Skateboard unterwegs, unterbrichst du deine flotte Fahrt und gehst zu Fuß wie alle anderen Fußgänger im ausreichenden Abstand genau da an der Baustelle vorbei, wo der Gehweg markiert ist.

Bauarbeiter
building worker
Baukran
construction crane
Vogel
bird
Baum
tree
Ast
branch
Betonmischmaschine
cement mixer
Pumpschlauch
pump tube
Fahrer
driver
Schild
sign
Baustein
brick
Baustelle
building site
Pfei
arrow
Nagel
nail
Umleitung
diversion
Baufirma
construction company
Tuch
scarf
Absperrung
barricade
Zange
pliers
Baugrundstück
site
Skateboardfahrer
skateboard rider
Rad
wheel
Hund
dog
Pfütze
puddl

Das eckige, blaue Schild zeigt an, dass sich in 100 m ein Parkplatz befindet. Das runde Verkehrsschild bedeutet: „eingeschränktes Halteverbot". Das heißt, hier darf man nicht länger als drei Minuten halten, außer zum Be- und Entladen, Ein- und Aussteigen. Das Verbot gilt aber nur für die Fahrbahn, nicht für den Seitenstreifen. Und es gilt auch nur für die Straßenseite, auf der das Schild steht, und auch nur bis zur nächsten Straßenkreuzung oder Einmündung. Das Verbot betrifft nicht nur Autos, auch Fahrräder, Mofas, Motorroller und Motorräder dürfen dort nicht abgestellt werden. In Straßen mit Halteverbotsschildern trifft man oft Politessen an, die die Parksünder aufschreiben. Bald kommt dann ein Strafzettel nach Hause und man muss ein Bußgeld bezahlen.

Giebel
gable
Dach
roof
Fassade
front
Dachrinne
gutter
Baum
tree
Parkplatz
car park
Kinder
children
Parkschild
parking sign
Halteverbot
no-stopping sign
Tür
door
Hecke
hedge
Kletterpflanze
climbing plant
100m
Treppe
stairs
Rollkragenpullover
polo-neck-jumper
Drachen
kite
Fell
pelt
Krallen
claws
Zebrastreifen
zebra crossing
Tigerkatze
tiger cat
Schlüssel
key
Tatze
paw
Etui
case
Bordstein
kerb
Marienkäfer
ladybird
Schatten
shadow

Taxistände gibt es überall in der Stadt, aber ganz besonders da, wo viel los ist, zum Beispiel am Bahnhof, am Flughafen, vor großen Hotels, vor besonderen Sehenswürdigkeiten oder vor dem Theater und an vielen anderen öffentlichen Plätzen. Meistens haben es die Fahrgäste eilig. Damit Taxifahrer die Fahrgäste schnell aufnehmen können, besteht für alle anderen Kraftfahrzeuge Halteverbot. Auch dein Fahrrad darfst du nicht an einem Taxistand abstellen. Sind die Fahrgäste eingestiegen, fährt das Taxi meist rasch ab. Damit nichts passiert, muss man immer ausreichend Abstand halten. Wenn man auf ein Taxi wartet, stellt man sich ordentlich der Reihe nach an. So verläuft das Einladen des Reisegepäcks und das Einsteigen der Fahrgäste reibungslos und ohne Gedrängel.

Uhrzeiger
hand
Uhrzeit
time
Bahnsteig
platform
Eingang
entrance
Reise
trip
Bahnhofshalle
main concourse
Bahnhof
station
Tür
door
Ausgang
exit
Flagge
flag
Schlafsack
sleeping bag
STADTPLAN
HAUPTBAHNHOF
Treppe
stairs
Pullover
pullover
Unterführung
subway
U-Bahn-Station
underground stop
Reisende
tourist
Geländer
railing
Stadtplan
town map
TAXI
Taxifahrer
taxi driver
Gully
drain
Taxistand
taxi rank
Mittelstreifen
central reservation

Übungsteil

Eines der drei Autos wird schneller als erlaubt fahren.
Die Polizei wartet schon auf den Verkehrssünder,
um ihn zu stoppen und ihm einen Strafzettel zu verpassen.
Um welches Auto handelt es sich?

Das Bild zeigt einen getrennten Fuß- und Radweg.
Einige Fußgänger und Radfahrer kümmern sich nicht um das,
was das Verkehrsschild vorschreibt.
Drei Personen verhalten sich falsch. Wer sind sie?

Der Radfahrer hat eine Verabredung mit der Maus.
Welchen der Radwege muss er nehmen, um zu ihr zu gelangen?

An dieser Kreuzung gibt es keine Vorfahrt regelnden Verkehrszeichen, keine Ampeln und auch keinen Polizisten, der Zeichen gibt. Welche Regel gilt und wer hat Vorfahrt?

Die U-Bahn hält gerade an der Station. Die Fahrgäste steigen ein und aus. Auf dem Bild befinden sich fünf Kinder, die Dinge tun, die lebensgefährlich sind. Welche Kinder sind das?

Der Autofahrer möchte zum Zoo fahren.
Welche Straße muss er nehmen?

Das Bild zeigt einen beschrankten Bahnübergang.
Der Zeichner hat fünf Fehler gemacht. Welche sind das?

An einem Stoppschild muss man anhalten.
Welches Auto steht richtig?

Hier siehst du vier Fahrradfahrer. Nur einer verhält sich richtig.
Welcher ist es?

Diese vier Bilder zeigen jeweils eine Situation am Taxistand.
Nur eine davon ist richtig. Welche ist es?

Ein Junge überquert die Fahrbahn und will zum Kiosk auf der anderen Straßenseite.
Auf welchem Bild verhält er sich richtig?

Hier siehst du vier Parksituationen. Nur ein Auto parkt richtig.
Um welches Auto handelt es sich?

Der Schülerlotse sorgt dafür, dass die Schulkinder die Straße unbeschadet überqueren können. Fünf Kinder gehen nicht zügig, wie es sein soll, sondern verhalten sich falsch. Welche Kinder sind das?

Ein Mädchen und ein Junge wollen über den Zebrastreifen gehen. Bevor sie das tun, müssen sie schauen, ob die Straße frei ist. Bringe die Bilder in die richtige Reihenfolge.

Von den hier gezeigten Bildern zeigt nur eines das richtige
Verhalten der Leute in der Fußgängerzone. Welches Bild ist gemeint?

Die gezeigte Situation heißt: „Dem Gegenverkehr Vorrang gewähren“.
Wer darf fahren, wer muss warten? Bringe die Bilder in die richtige Reihenfolge!

Hier sind Kanalarbeiter am Werk und die Baustelle ist abgesperrt.
Auf welchem Bild verhält sich der Junge richtig?

Die Bilder zeigen verschiedene Situationen an der Bushaltestelle. Auf drei Bildern verhält sich das Kind falsch. Nur ein Bild stellt dar, wie es sein sollte. Welches Bild ist das?

Der Verkehrspolizist regelt den Verkehr. Nur was er anzeigt, ist gültig.
Welche fünf Verkehrsteilnehmer verhalten sich falsch?

Eine Wandergruppe muss auf der Landstraße laufen, weil kein Gehweg da ist.
Welche Wandergruppe verhält sich richtig?

Lösungen:

Seite 44: Der orangefarbene Lastwagen bekommt einen Strafzettel.

Seite 45: Falsch verhalten sich der Ball spielende Junge, der lesende Junge und der Junge mit dem blauen Rucksack, denn sie befinden sich auf dem Radweg.

Seite 46: Der Weg 2 führt zur Maus.

Seite 47: Es gilt die Regel „rechts vor links". Zuerst hat das rote Auto Vorfahrt, dann darf das blaue Auto fahren, zuletzt ist das gelbe Auto an der Reihe.

Seite 48: Ein Junge springt von der Mauer auf die Verkehrsstraße. Ein Skater fährt auf der Bahnbrücke. Ein Junge klettert über das Plakatschild. Ein Schüler läuft über die Gleise. Ein Fahrradfahrer saust auf dem Rad die Treppe herunter.

Seite 49: Der Weg 3 führt zum Zoo.

Seite 50: Der Mann mit dem Gepäckwagen darf nicht auf der Straße laufen. Am Bahnübergang darf man nicht parken; das Schild ist falsch. Der Fahrradfahrer fährt am Gleis entlang und zudem noch auf der Wiese! Das eine Blinklicht ist grün, es muss rot sein. Die zweite Schranke ist offen, sie muss geschlossen sein.

Seite 51: Das rote Auto steht korrekt vor der Haltlinie.

Seite 52: Der Radfahrer auf dem Bild ganz unten verhält sich richtig.

Seite 53: Das Bild ganz oben ist richtig.

Seite 54: Der Junge auf dem zweiten Bild passiert zügig den Fußgängerüberweg.

Seite 55: Das dritte Auto von oben parkt vorschriftsmäßig.

Seite 56: Die Gesuchten sind: der Ballspieler mit der roten Kappe, das sitzende Mädchen mit dem blauen Kleid, der lesende Junge, der Junge, der den Ranzen über den Kopf hält und der Junge mit dem lilafarbenen Rucksack, der hinter dem Lotsen über die Straße geht.

Seite 57: Die richtige Reihenfolge ist: F, A, B, E, C, D.

Seite 58: Auf dem zweiten Bild von oben ist alles richtig.

Seite 59: Die richtige Reihenfolge ist: D, C, A, B.

Seite 60: Auf dem letzten Bild umgeht der Junge die Baustelle so, wie es sein soll.

Seite 61: Das letzte Bild ist richtig.

Seite 62: Der Fahrradfahrer und der Motorrollerfahrer dürfen nicht fahren, der Fußgänger muss warten, das rote Auto darf nicht abbiegen, sondern muss warten, das blaue Auto darf nicht anhalten, sondern muss fahren.

Seite 63: Die Wandergruppe auf dem vorletzten Bild macht es richtig, sie geht am linken Fahrbahnrand.

Alle weiteren Titel aus dem OTUS VERLAG findest du im Internet unter: www.otus.ch

Illustrationen: ART-GRAFICS-DESIGN, Miguel Epes
Text und Übersetzung: Gabriele Jockel

ISBN 3-907194-90-X